Leinen Los!

Wer ruft immer MöwMöw, wenn sie eine Möwe sieht? Die Lotti! Wer ist Lotti? Ein zauberhaftes, kleines Mädchen. Es findet, wenn ein Vogel „PiepPiep" macht, dann macht eine Möwe ganz sicher „MöwMöw".

Das findet die Möwen-Crew auch. Und wer ist jetzt die Möwen-Crew? Das sind wir, ein Team mit ähnlichen Werten, Visionen und einer Menge Intuition und Phantasie, die sich auch sozial engagieren. Und so nahm MöwMöw seinen Lauf.

Unsere Protagonisten sowie deren Namen sind frei erfunden. Parallelen oder Ähnlichkeiten zu realen Personen sind rein zufällig.

Wir wünschen viel Spaß und Freude beim Lesen. AHOI!

Inhalt:

Verena Kuberski & Michael Stich

Der alte Leuchtturm, die Reise beginnt

- Insel Neuwerk -

Wo ist Pami?

Die kleine Krabbe sonnte sich. Es war gerade Ebbe und das nutzten immer viele kleine Tiere, um nach Futter zu suchen oder es sich gutgehen zu lassen.
Es war ein herrlicher Tag auf der Insel Neuwerk, kurz vor der Mündung der Elbe in die Nordsee. Die Sonne schien und ein leichter Wind war zu spüren. Die Luft schmeckte salzig vom Meer, man hörte die Möwen kreischen. Apropos Möwen – die kleine Krabbe wurde schon beobachtet.

Eine weiße Möwe fixierte den köstlichen Appetithappen. Normalerweise würde die Möwe es sich nicht nehmen lassen, die kleine Krabbe zu verspeisen, aber heute? Die Möwe war zu gierig gewesen und hatte sich von einem Touristen mit Bratwurst und Pommes füttern lassen. Nun hatte die Möwe Bauchweh. Möwen sind gierige Tiere, wenn es um's Fressen geht. Und leider so gierig, dass sie kaum unterscheiden, was gut für sie ist und was nicht.

Und eine Bratwurst mit Fritten ist definitiv nicht gesund für Möwen. Ebenso wenig wie Eis. Das gab es nämlich als Nachtisch.

Die Möwe schaute an sich herunter und rieb sich mit einem Flügel den Bauch. *„Na, Mattes“*, sagte sie zu sich selbst, *„alter Gierlappen. Haste selber schuld.“* Jetzt noch eine kleine Krabbe zu fressen, daran war gar nicht zu denken. Die kleine Krabbe hörte Mattes stöhnen und sah nach oben. *„Oh weh! Eine Möwe! Jetzt bin ich geliefert!“*, dachte sie und versuchte, sich schnell im Schlamm zu vergraben. Doch Mattes war schneller.

Blitzschnell schnappte er sich die kleine Krabbe mit dem Schnabel. Sie strampelte aufgeregt mit ihren Beinchen, dachte sie doch, dass nun ihr letztes Stündlein geschlagen hätte. *„Grmpf … sag mal …“*, nuschelte Mattes. Er spuckte die Krabbe aus und fing sie gekonnt mit dem Flügel auf. *„So ist es besser. Man spricht ja auch nicht mit vollem Mund“*, tadelte er sich selbst. Ängstlich sah ihn die Krabbe an. *„Sag mal, hast du Pami in den letzten Tagen gesehen?“*, fragte Mattes. Die kleine Krabbe piepste: *„DIE Pami? Pamela Andresen?“ „Ja, DIE Pami! Die kleine Meerjungfrau“*, antwortete Mattes und verdrehte die Augen. Als würde es soooo viele Pamis im Umkreis geben. *„Nein, habe ich nicht. Darf ich mich jetzt eingraben oder willst du mich doch noch fressen?“*, fragte die Krabbe keck. *„Kannst gehen“*, erwiderte Mattes großzügig und ließ die Krabbe fallen. Empört blubberte sie sich leise und flink in den Schlamm, bevor diese Möwe es sich noch anders überlegen würde.

Mattes dachte nach. Sein Patrouillendienst würde erst am Nachmittag beginnen. Er gehörte zum Mülldienst der Möwenluftkompanie, um die Strände und das Meer von Müll sauber zu halten. Und ab und zu fiel da auch mal ein Happen Leckeres für den lieben Mattes ab.

Das war das Charmante an diesem Job. Denn beim Fressen ist sich jede Möwe selbst die Nächste. Das Schlimme an diesem Job aber war der Müll. Allein beim Gedanken daran stand Mattes jeder Federkiel einzeln zu Berge. Was Menschen oft achtlos wegwarfen, würde er nie verstehen. Er blinzelte in die Mittagssonne.
Es war noch Zeit genug, um raus aufs Meer zu fliegen und Ausschau nach seiner Freundin Pamela zu halten. Sie war schon viel zu lange fort und er fragte sich, wo sie wohl sein möge.

Ebbe

Mattes flog weit hinaus, um nach seiner Freundin Ausschau zu halten. Leider wusste Mattes nicht, in welche Richtung er suchen sollte. Er hoffte auf gut Glück, irgendetwas zu entdecken. Nichts. Weit und breit keine Pami. Mattes machte sich Sorgen um seine Freundin und er vermisste sie.

Er schob sich ratlos und leicht pustend seine blaue Strickmütze aus der Stirn. Langsam wurde es etwas zu warm für die Wintergarderobe.

Der Frühling hielt bereits Einzug, und die ersten Touristen besuchten die Insel Neuwerk, um sich den alten Leuchtturm anzusehen. Es war ein uralter Leuchtturm, der einst vor über 700 Jahren von den Bürgern der Hansestadt Hamburg auf der 130 Kilometer entfernten Insel erbaut worden war. Deshalb gehört die Insel Neuwerk auch zu Hamburg und der Leuchtturm ist somit das älteste Gebäude der Stadt Hamburg. Die Hamburger erwarben damals das Recht, diesen Leuchtturm zu erbauen, damit die Handelsschiffe sich nicht verirrten. Zumal der Leuchtturm auch ein Wachturm war, der zum wirksamen Schutz für die Elbmündung diente. Das war wichtig für den Handel mit Waren, denn damals trieben ständig Piraten und Freibeuter ihr Unwesen.

Unverrichteter Dinge flog Mattes zurück zur Insel, um seinen Job als Patrouillen-Möwe zu erledigen. Patrouillen-Möwe war doch viel klangvoller als Müll-Möwe, oder?

Mattes würde also zur Flut an den Strand zurückfliegen. Vielleicht hatte er dann mehr Glück, seine Pami zu finden.

Solltet ihr Mattes einmal begegnen, dann sagt bloß nie Müll-Möwe zu ihm. Das würde ihn verletzen. Zumal seine Arbeit sehr, sehr wertvoll und wichtig ist. Und wer Mattes unterstützen möchte, schmeißt seinen Müll nicht achtlos weg.

Flut

Solange noch Ebbe war und bevor die Nordsee das Wattenmeer wieder mit ihren Wellen bedeckte, verließen die letzten Pferdefuhrwerke die Insel Neuwerk, um die Touristen über das Wattenmeer nach Cuxhaven zurückzubringen. Langsam wurde Mattes ungeduldig. Er konnte es kaum erwarten, dass die Flut einsetzen und er vielleicht Pami wiedersehen würde. Außerdem beschlich ihn ein leises Gefühl, dass bald das nächste Abenteuer auf ihn wartete. Viel zu lange war er nun schon auf dieser kleinen Insel. Und er fing an, sich zu langweilen.

Die Flut würde nicht lange andauern, sie war kürzer als die Ebbe. Alte Seemänner sagten immer: *„Mit Ebbe und Flut ist es wie mit einer guten Kneipe: schnell voll und langsam leer.“* Mattes verschwendete keine Zeit, seine Uniform auszuziehen, als er vom Dienst zum Strand flog. Einmal über den Deich und schwupps – aber keine Pami weit und breit. Mattes seufzte. *„Mattes, mein Lieber“*, flötete eine engelsgleiche Stimme aus der Brandung.

Mattes schaute auf und tatsächlich … da – ja, da war endlich seine Pami. Dem Himmel sei Dank! Ihre Schwanzflosse glitzerte in der Sonne und ihre blonden Haare wehten im Wind. Pami, die kleine Meerjungfrau, winkte Mattes zu, der vor Freude den Strand entlang tanzte.

Habt ihr noch nie eine tanzende Möwe gesehen? Freunde, es gibt Lachmöwen. Also gibt es auch Tanzmöwen. Ab jetzt. Ganz einfach.

Pamela Andresen

Pami beobachtete Mattes. Ihren lieben Freund Mattes von Sprotte. Aus dem alten Adelsgeschlecht von Sprotte. Ein alter Möwenadel, der zurückreichte bis ins 15. Jahrhundert, als der Pirat Klaus Störtebeker die alten Hansestädte unsicher machte und überall plünderte. Wie viele Abenteuer sie schon gemeinsam erlebt hatten.

Mattes war eine etwas zu klein geratene Seemöwe, dafür aber immer stattlich gekleidet, wenn es sein musste. Er war eine sehr modebewusste Möwe. Alles, was sich spiegelte, fand er toll, weil er sich selbst darin sehen konnte. Ein wenig eitel war er, aber auch sehr, sehr mutig. Manch einer würde es sogar waghalsig nennen, also nichts für Möwen mit schwachen Nerven. Außerdem liebte er es, Geschichten zu erzählen. Bei jeder passenden Gelegenheit. Und auch, wenn die Gelegenheit gerade einmal nicht passte.

Mattes tanzte immer noch vor Freude darüber, seine Freundin endlich wiederzusehen.

Pami war eine Meerjungfrau der ganz besonderen Art. Oft rettete sie Meerestieren das Leben, wenn diese sich im Plastikmüll der Menschen verfangen hatten und entweder zu ertrinken drohten oder dadurch nicht mehr fressen konnten. Sie half auch Menschen, die in Seenot geraten waren. Und dass, obwohl viele Mitglieder ihres Volkes dagegen waren, weil sie der Meinung waren, dass Menschen es nicht verdient hätten, gerettet zu werden. Eben weil sie den Planeten Erde aus reiner Geldgier und Gedankenlosigkeit immer mehr zerstörten. Immer wieder landete viel Müll im Meer, der seinen Bewohnern das Leben erschwerte und sie so oft in Gefahr brachte. Pami wäre aber nicht Pamela Andresen, wenn sie sich dadurch beirren ließe. Jedes Leben war es wert, gerettet zu werden und sie war sich sicher, dass es auch gute Menschen gab.

„Pamiiiii!", rief Mattes. Pami ließ sich mit einer Welle an den Strand spülen und die beiden begrüßten sich herzlich.

Deiche sind von Menschenhand gebaute Schutzwälle gegen die Sturmfluten. Eigens dafür sind Schafe auf den Deichen, die man „Trippelwalzen" nennt. Die Schafe halten die Deiche durch ihre kleinen Füße stabil und pflegen sie gleichzeitig, weil sie das Gras fressen.

„Mattes", sagte Pami bedeutungsvoll, *„ich …" „Du warst aber lange weg"*, unterbrach Mattes sie. *„Mattes"*, wiederholte Pami mit Nachdruck, *„ich habe wichtige Nachrichten für dich. Eine gute und eine schlechte. Welche möchtest du zuerst hören?"*

Der Auftrag

Mattes kratzte sich am Kopf und runzelte die Stirn. *„Ich nehme zuerst die schlechte."* Pamela schaute ihn mit einem betörenden Augenaufschlag an und seufzte theatralisch. *„Gut"*, sagte sie. *„Du hast es so gewollt."* Mattes tippelte auf seinen Füßchen hin und her. *„Nun rück' schon raus mit der Sprache. Was ist passiert?"*, drängelte er. *„Rauchzahn, der alte Brackwasserhai ist zurück"*, hauchte Pami.

Mattes kniff die Augen zusammen. Auch das noch. Immer dann, wenn die Deiche der Elbe dem Wasser dieses mächtigen Flusses nicht standhielten, entstanden eigene kleine Welten jenseits der Deiche.

Diese kleinen Welten hinter den Deichen sind die Heimat vieler kleiner und großer Tiere. Eines der großen Tiere ist der Brackwasserhai. Uralt und blind wie ein Maulwurf. Aber eine Spürnase wie ein Bluthund. Bewachsen mit Moos und Muscheln ist er bestens getarnt.

Besonders gerne mag er Fleisch. Dörrfleisch, um genau zu sein. Ein Brackwasserhai kann sich auch von Schilfgras ernähren, aber Schilfgras ist nicht gut für die Zähne des Brackwasserhais. Also ist er ständig auf der Jagd.

„Aber wie kann das sein?“, fragte Mattes. *„Der alte Brocken Rauchzahn hatte sich doch zu seinem Jahrhundertschlaf eingegraben.“ „Das ist nicht sicher“*, seufze Pami wieder. *„Im Moment ist er noch weit genug weg, aber der Dörrfleischvorrat des Möwenhorstes von Sprotte ist in Gefahr.“ „Heißt also, was ist die gute Nachricht?“*, Mattes schaute Pami gespannt an. *„Die gute Nachricht ist …“*, sagte sie gedehnt. Mattes tippelte schon ungeduldig mit den Füßchen. *„Ich höre.“*

Pamela klimperte mit ihren langen Wimpern. *„Na, es ist noch Zeit genug für dich, vor ihm am Möwenhorst zu sein. Du bist der Einzige, der alles retten kann!“*, platzte es schließlich aus ihr heraus.

EMMA

Die Reise beginnt

Sie hatten sich ein kleines, verlassenes Boot für ihre Reise gesucht. Der Name Emma war noch ganz schemenhaft am Steven zu lesen, das ist vorne bei einem Schiff. Hübsch war es nicht, es hatte aber einen kleinen überdachten Innenraum und Platz genug für Mattes' riesige Holzkiste. Mattes hatte darauf bestanden, seine gesamte Ausrüstung mitzunehmen. Er bekam die Kiste so eben zu und hievte sie mühsam ächzend an Bord der Emma. Mit hochrotem Kopf und Schweißperlen auf der Stirn schob er die Kiste unter das Dach. *„Mattes, das ist eine Rettungsmission, kein Mallorca-Urlaub"*, schimpfte Pami, als sie die Strohhalme aus der Kiste ragen sah. *„Die Strohhalme sind nicht für eine Strand-Party, sondern für Unterwasseroperationen"*, entgegnete Mattes stur. *„Weißt du noch, damals mit den Nilkrokodilen?"* Pami unterbrach ihn. *„Ja, aber nicht jetzt"*, bat sie ihn. *„Wir müssen los."* Gekonnt löste Mattes die Leine, mit der die Emma am Steg befestigt war, und Pami schob das kleine Boot an. Langsam schaukelte es aufs Meer hinaus.

Auf dem Meer Richtung Cuxhaven sah man nun ein kleines herrenloses Boot treiben, auf dessen Reling eine Möwe in Kapitänsuniform saß und salutierte. Mattes salutierte der alten Insel Neuwerk und bedankte sich so bei diesem Ort und seinen Kollegen von der Möwenluftkompanie für die etwas langweilige, aber doch schöne Zeit. Nun ging es auf zu neuen Abenteuern.

Die erste Station war an der Mündung der Elbe. Hier arbeitete sein Onkel, Fiete Fischer.

Aale, Harald und Onkel Fiete

Aalreusen sind Netze oder auch Körbe in besonderer Form, um Flussaale zu fangen. Das eine Ende ist wie ein großer Trichter, der in mehrere Kammern führt. Schwimmt ein Aal dort hinein, findet er durch die schmalen Öffnungen nicht mehr hinaus. In die hinterste Kammer werden Köder gelegt, so dass der Aal angelockt wird und kaum anders kann, als hinein zu schwimmen.

Fiete Fischer beäugte seine Aalreusen und inspizierte sie gründlich. Sein gelbes Fischerhütchen glänzte in der Sonne. *„Verflixt und zugenäht!“*, fluchte Fiete leise vor sich hin. Fiete war eine alte und erfahrene Seemöwe, die sich vor Jahren an der Elbe niedergelassen hatte, um dem Fischen zu frönen.

Fiete stemmte seine Flügel entrüstet in die Hüften. Da hatte doch wieder irgendjemand oder irgendetwas seine Aalreuse beschädigt, und die meisten Aale waren durch das Loch entkommen. Irgendeine freche Wollhandkrabbe konnte das gewesen sein. Und sofort kam Fiete eine ganz besondere Krabbe in den Sinn. Ursprünglich in China beheimatet, wurden sie zu Beginn des 20. Jahrhunderts auf dem Seeweg nach Europa eingeschleppt. Und mit Wollhandkrabben war nicht immer gut Kirschen essen, wusste Fiete.

Wollhandkrabben waren üble Räuber und besonders eine war berüchtigt. Harald! Harald, die Wollhandkrabbe hatte die gesamte Elbmündung fest im Griff. Harald war schlau und einer der berüchtigsten Schmuggler der ganzen Nordsee. Und ging er doch einmal einer Aalreuse auf den Leim, so ging er hinten einfach wieder raus, wie er vorne reingekommen war - seitlich und immer mit schnappenden Scheren. Da kannte Harald kein Pardon.

Fietes Fang war heute also eher mager ausgefallen. Hinter ihm kicherte es leise. *„Na, hat Harald dir wieder einen Strich durch die Rechnung gemacht, Fiete?"*

Familie bedeutet den Möwen viel und sie halten immer zusammen. Familie hat man nur eine. Nur, dass Möwen nicht nur Eltern, sondern auch ganz viele Onkel, Tanten, Cousins und Cousinen haben. Ein Möwenei ist nun mal ein Möwenei, es wird von allen beschützt und, die kleinen Möwen werden von der ganzen Familie aufgezogen. So lernen die Kleinen am meisten.

Fiete schnellte herum. *„Mattes!"*, rief er erfreut. Er nahm seinen Neffen in den Arm und klopfte ihm so sehr auf die Schulter, dass Mattes kurz in die Knie ging. *„Onkel Fiete"*, Mattes japste leicht nach Luft. Fiete hielt inne. Und dann sah er sie. Die Meerjungfrau seiner Träume und das hübscheste Wesen, das er jemals gesehen hatte: Pamela Andresen. Artig nahm Fiete sein Fischerhütchen ab. *„Fräulein Andresen ..."*, begrüßte er Pami leicht benommen. Es gab keinen Zweifel. Fiete Fischer war bis über beide Ohren in Pami verknallt. Und wenn eine Möwe erstmal verliebt war, dann war sie das für den Rest ihres Lebens. Pami strahlte Fiete an und der magere Aalfang war vergessen.

Rettung in letzter Sekunde

Bereitwillig öffnete Fiete für seinen Neffen die Vorratskammer, damit dieser für seine Rettungsmission gut ausgerüstet war.

Nachdem das Boot Emma im wahrsten Sinne des Wortes bis unter das Dach mit Vorräten gefüllt war, begleitete Fiete seinen Neffen und die kleine Meerjungfrau noch ein Stück die Elbe hinunter.

Fiete ermahnte Mattes eben noch, dass er nicht vergessen sollte, was für ein gerissener Lump der alte Brackwasserhai Rauchzahn war, als Pami auf der Elbe etwas bemerkte.

Es war blau-weiß und schaukelte wild auf den Wellen des Flusses hin und her. Es sah aus wie ein Schwimmreifen, und mittendrin sah man einen blonden Haarschopf herausschauen und ein glucksendes Lachen war zu hören. Es schien ein kleines Mädchen zu sein, das in seinem Schwimmtier auf der offenen Elbe rumdümpelte. Pami erschrak. Denn erstens hatten Kinder in Schwimmtieren nichts auf der offenen Elbe zu suchen und zweitens sah sie 500 Meter voraus ein riesiges Containerschiff auf das Mädchen zufahren. Das Fahrwasser dieses riesigen Schiffes würde die Lütte unter Wasser drücken und sie würde ertrinken.

Das Containerschiff kam dem kleinen Mädchen immer näher. Pami musste handeln. Flink schwamm sie zu ihm hin. Jetzt sah Pami, dass der Reifen ein aufblasbarer Rochen aus Gummi war, dieser aber bereits ein Loch hatte, aus dem pfeifend die Luft entwich. Lachend schaute das kleine Mädchen sie an. *„Bist du ein Fisch?“*, fragte die Kleine. Pami schaute auf. Jetzt war keine Zeit für eine Unterhaltung.

Schnell zog sie das Mädchen aus dem Schwimmrochen und schwamm mit ihm in Richtung Ufer. Das Containerschiff begrub das Gummitier unter seinem Kiel. Das kleine Mädchen erstarrte, als es das sah. Pami nahm die Lütte in den Arm und schwamm mit ihr zu den anderen.

Lotti

„Das war aber knapp!“, rief Mattes. Fiete beobachtete misstrauisch, wie Mattes dem kleinen Mädchen an Bord half. Mattes reichte ihm eine Decke. Die Kleine schnatterte leise vor Schreck und Kälte. Tapfer schluckte sie ihre Tränen über den Verlust ihres Gummirochens hinunter und schaute zwischen Mattes und Fiete hin und her. *„Wie heißt du denn?“*, fragte Pami. Immer noch schaute die Lütte fragend in die Runde. Fiete musterte sie weiterhin misstrauisch. Groß war das Mädchen nicht. Vielleicht vier oder fünf Jahre alt, mit blonden kurzen Locken, einer kleinen Stupsnase, selbstbewussten Augen und schick angezogen mit einem rot-weiß gepunkteten Kleid, das triefend nass an ihm herunter hing.

Das Mädchen hob seinen Zeigefinger und richtete ihn auf Mattes. *„MöwMöw“*, sagte es leise. Mattes schob sich sein Kapitänsmützchen aus der Stirn. „Was?“, fragte er verwirrt. *„MöwMöw“*, wiederholte die Kleine.

Fiete kugelte sich vor Lachen. „*MöwMöw*“, äffte er nach. Fiete war kein Menschenfreund und schon gar kein Freund von kleinen Mädchen. Die machten nur Ärger. Das wusste man doch. Am besten sollten sie die Lütte so schnell wie möglich wieder loswerden, sonst war die ganze Rettungsmission in Gefahr. Pami fragte wieder: *„Wie heißt du denn?“* Die Kleine schaute sie mit großen blauen Augen an. *„Mein Name ist Lotti und ich will zu meinem Papa. Der ist Kapitän und wohnt in Hamburg.“*

Und sie erzählte, wie sie sich mit ihrer Tante gestritten hatte und dann beschloss, sich auf den Weg zu ihrem Vater zu machen. Am einfachsten erschien es ihr auf dem Wasserweg, weil sie das Haus von der Elbe aus sehen konnte.

„Kleine Mädchen bringen Unglück", knirschte Fiete leise mit dem Schnabel. *„Papperlapapp"*, sagte Mattes. *„Wir setzten sie bei ihrem Vater ab. Das liegt doch auf dem Weg."* Lotti schaute Mattes kritisch an. *„MöwMöw weiß, wo Hamburg ist? Und warum könnt ihr überhaupt sprechen? Möwen machen doch sonst nur MöwMöw."* Pami lachte. *„Menschen wissen vieles nicht. Und Menschen brauchen immer Beweise für alles. Aber die Erde war auch schon rund, bevor es bewiesen werden konnte. Und Möwen konnten schon sprechen, bevor Menschen es konnten. Menschen haben es nur noch nie gehört."*

„Dann ist es jetzt beschlossen. Wir setzen Lotti bei ihrem Papa ab“, entschied Mattes. Fiete knirschte wieder mit dem Schnabel. *„Was knirschst du denn?“*, fragte Mattes ungeduldig. *„Dann komme ich mit“*, grummelte Fiete leise. *„Das kann ja sonst nicht gut gehen.“* Mattes zuckte mit den Schultern. *„Meinetwegen“*, sagte er und setzte die Segel. Und so machte sich eine kleine Gruppe aus ganz besonderen Möwen, einer hübschen kleinen Meerjungfrau und einem kleinen Mädchen namens Lotti auf den Weg die Elbe hinauf, um Lottis Vater zu finden.

Wünschen wir ihnen viel Glück und Mast- und Schotbruch! Wir werden sie bald wiedersehen und dann auch erfahren, ob sie Lottis Papa gefunden haben.

Die Möwenbande

Mattes von Sprotte

Mattes ist im Patrouillendienst des Möwengeschwaders eingeteilt und patrouilliert an den Stränden rund um die Inseln Neuwerk und Scharhörn. Zu seinen Aufgaben zählt es, den Strand vom Müll der Touristen zu befreien und in die Abfallbehälter zu befördern.

Pamela Andresen

Pamela Andresen ist die hübscheste Möwendame der Welt. Sie ist die gute Seele der Möwenbande. Die Rettungsmöwe ist täglich auf der Nordsee im Einsatz und befreit so manchen, kleinen Wattbewohner aus seiner misslichen Lage.

Fiete Fischer

Fiete Fischer lebt schon Ewigkeiten auf Finkenwerder, dem kleinen Fischerdorf kurz vor Hamburg. Täglich macht er sich schon früh am Morgen auf den Weg Richtung Elbmündung, um seine Netze und Aalreusen zu kontrollieren und die Möwenbande mit frischem Fisch zu versorgen. Viel ist es nicht, aber es genügt, um die Mägen zu füllen.

Lotti

Lotti ist eine kleine, kesse Hamburger Deern, die ihre eigene Sicht der Dinge hat. Und vor allem hat sie ihren eigenen Kopf. Ein kleines Mädchen mit einem großen Herzen, das auf der Suche nach seinem Papa ist.

Harald

Harald ist die gerissenste Krabbe der gesamten Elbmündung. Als einer der berüchtigsten Schmuggler im Norden kann er alles herbeischaffen, was gerade gebraucht wird. Er hat geschäftliche Verbindungen bis nach China.

Rauchzahn

Rauchzahn ist ein alter, gefürchteter Brackwasserhai, der es auf die Nahrungsvorräte der anderen Tiere abgesehen hat. Das Jagen ist ihm viel zu anstrengend und er sieht ganz schlecht. Dafür kann er umso besser riechen und spürt so die Speisekammern der Anderen auf.

Über die Möwen-Crew

Gemeinsam arbeitet die Möwen-Crew daran, Kindern immer wieder auf's Neue eine bunte und ebenso differenzierte Sicht auf das Leben zu vermitteln. Eine Sicht, in der **Herz, Humor, Liebe** und **Freundschaft** genauso wichtig sind wie **Umweltbewusstsein** und das **Einstehen für Schwächere in der Gesellschaft**.

Dies ist auch der Grund, warum wir auf unserer Internetseite die Rubrik *„Mit Möwen helfen"* eingerichtet haben. Hier ist jeder herzlich eingeladen zu helfen und dabei zu sein.

Zum Sammeln, Nachspielen und für die eigenen Abenteuer zuhause gibt es bereits einige der Protagonisten als **Quietschemöwe** von MöwMöw. Schau doch mal vorbei:

Die Autorin **Verena Kuberski** ist eine Frau vom „Fach“. Nebenberuflich war die gebürtige Hanseatin im Team einer Touristeninformation dafür zuständig, den Gästen Tickets für die Große Hafenrundfahrt zu verkaufen und die eine oder andere – manchmal auch skurrile – Frage der Touristen zu beantworten. Hier entstand auch die Idee zu ihrem Werk *„Wie lange dauert die einstündige Hafenrundfahrt?“*.

Bekanntheit auch weit über die Grenzen Hamburgs hinaus erlangte Co-Autor **Michael Stich** in den 1990er Jahren als Weltklassetennisspieler und als Sieger des berühmtesten Tennisturniers der Welt: Wimbledon. Er ist dem Norden treu geblieben und ist heute ein erfolgreicher Unternehmer und Stifter, der sich in Bereichen wie Sport, Sozialem sowie der Kinder- und Jugendbildung engagiert.

Die ebenfalls aus Hamburg stammende Illustratorin **Jennifer Kollecker** hat ihre Leidenschaft zum Beruf gemacht. Derzeit ist sie als Junior Art Director in einer POS-Werbeagentur tätig. So ganz nebenbei ist sie aber auch der bildgebende Part der Möwen Crew und fügt Texte und Bilder zu einem wundervollen Ganzen zusammen.

Heilwigstr. 21, 20249 Hamburg

1. Auflage / Januar 2019
Autoren: Verena Kuberski & Michael Stich
Illustration: Jennifer Kollecker
Lektorat: Karen Krüger & Daniela Hendricks
ISBN: 978-3-9818696-2-0
Druck und Bindung: GCC / Grafisches Centrum Cuno GmbH & Co. KG
www.cunodruck.de

Besuchen Sie uns im Internet
www.moewmoew.com